AF246893

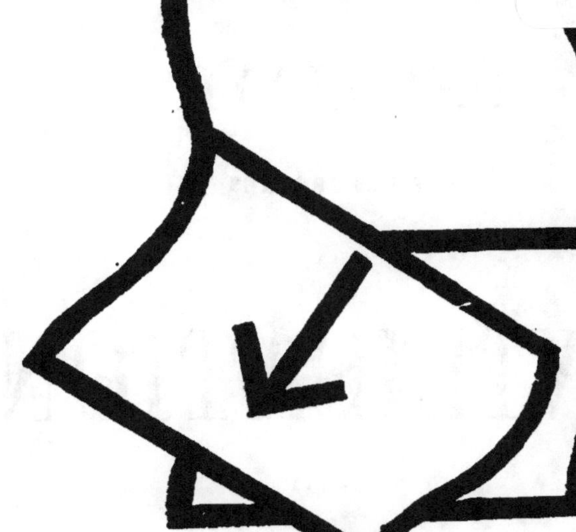

Couverture inférieure manquante

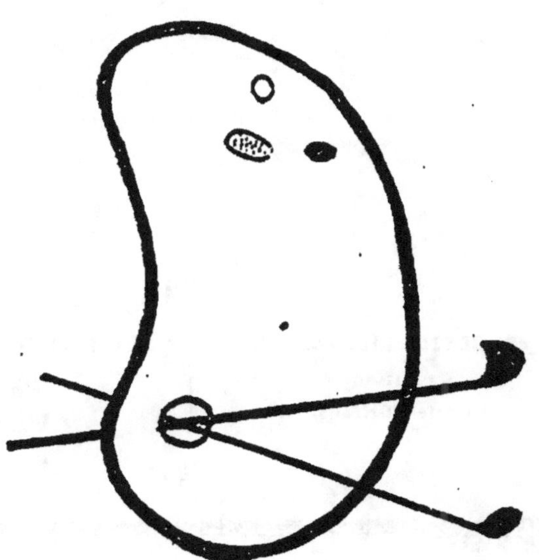

ORIGINAL EN COULEUR
Nº Z 43-120-8

ÉTUDE

SUR LES PROGRÈS

DE LA

CIVILISATION

DANS LA

RÉGENCE DE TUNIS

PAR

ÉMILE CARDON

PARIS

<table>
<tr><td>E. DENTU, LIBR.-ÉDITEUR
PALAIS-ROYAL
Galerie d'Orléans, 13.</td><td>REVUE DU MONDE COLONIAL
BUREAUX :
3, rue Christine.</td></tr>
</table>

1861

ÉTUDE

SUR LES PROGRÈS

DE LA

CIVILISATION

DANS LA

RÉGENCE DE TUNIS

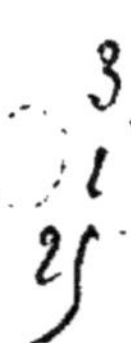

ÉTUDE

SUR LES PROGRÈS

DE LA

CIVILISATION

DANS LA

RÉGENCE DE TUNIS

PAR

ÉMILE CARDON

PARIS

REVUE DU MONDE COLONIAL,
3, RUE CHRISTINE.

—

1864

CETTE ÉTUDE

EST DÉDIÉE

A

SON ALTESSE SIDI MOHAMMED-EL-SADAC

BACHA BEY DE TUNIS

PAR

Son sincère admirateur et très-humble serviteur,

Émile CARDON.

Tandis que tous les regards sont fixés sur l'Empire ottoman qui s'écroule, un nouvel Empire musulman surgit et grandit presque inaperçu, presque ignoré; la triomphante campagne de Crimée, le Congrès de Paris ont pu sauver et décréter l'intégrité de l'Empire du Sultan, mais ils n'ont pu lui rendre sa vitalité.

Cette résurrection, qu'on croyait opérée, n'a été qu'une illusion éphémère, une espérance chimérique, l'Empire des Osmanlis râle sur ses coffres-forts vides.

Tous les moyens ont été employés pour sauver cette Puissance, on lui a prodigué les secours et les avis, tout a été inutile; les populations s'apprêtent à une insurrection générale; les finances sont ruinées, les employés et les troupes réclament leur solde arriérée, la masse du peuple meurt de faim; le discrédit est complet, la décomposition certaine.

Les désordres, les troubles, l'anarchie la plus complète dans toutes les branches de l'administration, tout fait prévoir une prochaine révolution en Turquie, tout fait craindre une crise impossible à prévenir.

En présence de cette situation, la Russie parle déjà; l'opinion de Saint-Pétersbourg est que l'Empire des Osmanlis a cessé, de fait, d'exister; nous lisons dans un journal qui reçoit, dit-on, les communications officielles, l'*Invalide russe* :

« L'existence de la Turquie dans son état primitif, lorsqu'elle s'éleva en Europe, dans le quinzième siècle sur les ruines de la Rome orientale, est devenue une impossibilité évidente. Quant à se modifier, à se réorganiser, à devenir une Puissance européenne, la Turquie ne peut le faire qu'en renonçant au principe même, à la base fondamentale de son existence, c'est-à-dire au Koran. Sans le Koran, il n'y a ni Islamisme ni Turquie; avec le Koran, toute organisation européenne de la Turquie est impossible. On a beau noircir du papier pour élaborer des projets de traité, on a beau conclure ces traités mêmes, promulguer des chartes de Gulhané, des hatti-houmaïoun, tout cela restera lettre morte dans la plus large acception du mot. »

Nous sommes loin d'approuver les conclusions de Saint-Pétersbourg, tout en partageant son opinion sur la dissolution prochaine de l'Empire turc; nous n'avons jamais partagé l'illusion d'une résurrection de la Turquie, même lorsque nos troupes combattaient glorieusement en Crimée

pour maintenir son intégrité : on ne ressuscite pas un mort ;
on lui élève une tombe, mais on ne lui bâtit pas un berceau.

Mais nous n'admettrons jamais non plus que l'Islamisme
soit antipathique à tout progrès. Tandis que l'Empire des
Osmanlis s'écroule sous des causes que nous n'avons pas à
rechercher ici, un Empire musulman, la Régence de Tunis,
s'élève à quelques pas des possessions françaises d'Afrique
et ne tardera pas à prendre la place qui lui est due dans la
grande famille des nations civilisées.

ÉTUDE

SUR

LES PROGRÈS DE LA CIVILISATION

DANS

LA RÉGENCE DE TUNIS.

I

Il est des contrées prédestinées, en quelque sorte; Tunis en est une. Aussi loin qu'on remonte le cours de son histoire, — et après les nécropoles égyptiennes, c'est la plus ancienne des villes du littoral africain, — Tunis apparaît soit comme un foyer de lumière, soit comme un riche entrepôt commercial, toujours comme une terre bénie et hospitalière, où les différents peuples et les différentes sectes pratiquaient le négoce en pleine sécurité et sous un régime vraiment remarquable de tolérance.

Qu'on nous permette quelques lignes de revue rétrospective; nous serons bref et nous nous bornerons à enregistrer les faits principaux, prenant pour guide une excellente étude sur la régence de Tunis, écrite par M. Henry Dunant. Malheureusement, ce travail remarquable n'a été tiré qu'à un petit nombre d'exemplaires et n'a jamais été mis dans le commerce.

Nous prendrons l'histoire à l'époque de l'invasion arabe, c'est-à-dire un quart de siècle environ après le commencement de l'hégire.

En 647, les Arabes, sous la conduite du calife Omar, avaient passé en Égypte; quelque temps après, sous le calife Mohawiah, le premier des Omniades, Abd-Allah, l'un de ses lieutenants, s'emparait de Tripoli; six ans plus tard, une seconde expédition fut dirigée contre Cyrène; enfin, une troisième, commandée par Oukbah, s'empara de Kaïrouan qui, embellie et agrandie par les Arabes qui s'y fixèrent, devint la capitale d'un empire commandé par un calife indépendant de ceux de Damas et de Bagdad.

Sous la conduite de Hassan le Gassanide, les Arabes de Kaïrouan s'emparèrent de Carthage dont les ruines servirent à embellir Tunis.

Tunis, dès lors, et pendant longtemps, fit partie de l'empire de Kaïrouan.

A cette époque, dit M. Henry Dunant, les Arabes étaient dans toute leur gloire. Ils faisaient fleurir l'agriculture, l'industrie, les arts, les sciences, la poésie, et se trouvaient sous bien des rapports à la tête des nations civilisées. Le Kaïrouan était un foyer de lumière, de luxe et d'érudition; et l'Afrique musulmane jouit d'une longue période de paix, de calme et de prospérité. Avec le Koran, la civilisation s'introduisit dans les contrées méridionales de l'*Africa propria*.

Du neuvième au douzième siècle, l'Afrique, l'Asie et l'Espagne musulmanes furent le théâtre de luttes entre les Omniades, les Abassides, les Fatimites, les Almohades et les Almoravides.

Grâce au secours que lui donna Abduledi, célèbre capitaine de Séville, Mohammed Abou Abd-Allah, fut rétabli dans ses États, et pendant plusieurs siècles la couronne resta héréditaire dans la famille des Almohades.

Les princes de cette dynastie rendirent Tunis très florissante. « Le commerce de cette ville, dit M. Dunant, était considérable et consistait particulièrement en exportation de blé, huiles, fruits secs, cire, miel, ivoire, corail, alun, poudre d'or, laines, peaux, cuir, maroquins, tapis, étoffes précieuses et autres produits de son industrie. De son côté, elle recevait de l'Europe de l'or, de l'argent monnayé, des bateaux et des navires, des draps, des étoffes de soie, des toiles d'Italie et de Rouen, des drogues, des objets de mercerie ou de quincaillerie. — C'est durant cette période que les Maures, expulsés de Sicile par l'intolérance des empereurs d'Allemagne, se retirèrent en Afrique, et qu'un grand nombre d'entre eux passèrent à Tunis. — D'un autre côté, les Maures d'Espagne, si chevaleresques et si valeureux, quittèrent cette contrée après la bataille de Tolosa dont l'issue empêcha peut-être la conquête de l'Europe par les musulmans. Cette émigration eut surtout lieu, soit en 1356, Ferdinand III de Castille ayant enlevé aux Maures Cordoue et l'Andalousie, soit en 1492, Grenade ayant été reprise sur eux par Ferdinand le Catholique qui, par ses persécutions, réduisit les derniers débris de la puissance maure à quitter l'Espagne. Ces populations se réfugièrent dans les villes du Mogreb, à Bougie, à Tlemcen, à

Fez, à Maroc, et surtout dans l'antique et hospitalière Tunis, où se retira en particulier la grande et illustre famille des Abencerrages. — A cette époque, Alger n'existait pas encore. — Les Maures apportèrent à Tunis leur industrie et leurs richesses, aussi cette ville devint-elle puissante. »

Les grands hommes, voyageurs, historiens, géographes, abondent pendant cette période ; ce sont : Edrisi, le géographe ; Abulfaradge, l'historien ; Ibn-al-Ouardi ; Abulfeda, historien et géographe ; Mohammed Ibn Batouta, qui, le premier, donna des renseignements sur le centre de l'Afrique ; Yakouti ; Schehab-Eddin-Ahmet. etc.

Tunis, à cette époque, faisait un commerce considérable avec l'Italie ; un grand nombre de Pisans étaient fixés dans les Etats du roi de Tunis ; ils y jouissaient d'une grande liberté et d'une sécurité parfaite. Du reste, en 1230, Abd-Allah-Boucoras concluait des traités avec les Pisans, les Génois et les Vénitiens, et accordait aux chrétiens le droit d'aller et de venir dans tout son empire, d'y vendre, d'y acheter et d'y établir des fondoucks, des bains, des églises et des cimetières. En vertu de ces traités, les provenances d'Europe n'étaient soumises qu'à un droit modéré ; celles de Pise ne payaient que dix pour cent.

II

De 1250 à 1275, le roi Mohammed Abou-Abd-Allah, qui gouverna glorieusement la Tunisie, fit des traités de commerce et d'amitié avec les républiques de Gênes, de Pise, de Venise et de Florence, et avec l'Aragon, la Provence et

la Sicile. Or, « ces traités étaient, non-seulement fidèle-
ment observés, mais encore c'était un prince si droit et si
humain qu'il prenait sous sa protection et sous sa garde
particulière les vaisseaux de toute nation que la tempête
jetait sur les côtes d'Afrique, et il faisait respecter hommes
et biens, tandis qu'en Europe, à la même époque, on ne se
faisait, le plus souvent, aucun scrupule de dépouiller les
malheureux naufragés (1). »

III

A la famille des Almohades succède la dynastie des Beni-
Hafs ou Beni-Abbès, d'origine indigène.

Les hommes changent, mais non les principes.

La dynastie des Beni-Abbès s'occupe, pendant une longue période de calme, de tranquillité et de prospérité, du
bien matériel du pays.

Les souverains de Tunis permettent non-seulement aux
chrétiens d'avoir des églises, mais ils autorisent dans leurs
Etats l'établissement de couvents et d'ordres monastiques.

En 1271, des religieux appartenant aux Cordeliers et aux
Dominicains, ou frères prêcheurs, étaient fixés à Tunis. Un
nombre considérable de chrétiens y exerçaient leurs profes-
sions, et y pratiquaient le négoce en pleine sécurité, et
sous un règne de tolérance vraiment remarquable.

L'année précédente, le 25 août, le roi de France, Louis IX,
était mort de la peste devant Tunis, et sur les ruines même
de Carthage.

----

(1) Henry Dunant.

« Tunis, rappelle M. H. Dunant, ne se livrait pas, comme Alger, à la piraterie. Si, plus tard, elle eut aussi quelques corsaires, ce ne fut que pour se défendre contre les chrétiens, plus barbares à cette époque que les Africains, puisque la piraterie était encore un métier chez les Cypriotes, les Catalans, les Siciliens, les Vénitiens, les Persans et les Génois. »

Non-seulement les Tunisiens ne se livraient pas à d'odieux actes de barbarie, mais, vers 1400, Muley Bouferi ou Abou Ferez, roi de Tunis, réprimait la piraterie, qui commençait à se pratiquer sur les côtes de ses États.

Jusqu'à l'époque de la domination turque, ses successeurs se montrèrent animés de la même bienveillance pour les Européens, ainsi que stricts observateurs des traités.

IV

Vers 1500, les Barberousses infestèrent la Méditerranée de leur piraterie, forcèrent le roi de Tunis de leur accorder le droit de bourgeoisie, s'emparèrent d'Alger, qu'ils rendirent tributaire de la Porte. En 1534, Tunis tomba au pouvoir de Kheir-ed-Din, qui en prit possession au nom du Grand-Seigneur ; reprise par Charles-Quint, qui replaça Muley-Hassan sur le trône, en laissant une garnison espagnole à la Goulette, Tunis fut perdu par Philippe II. Le Dey d'Alger, Aly-Kilidj, s'empara de cette ville en 1568 ; enfin, la Goulette fut prise, en 1574, par Sinan-Bacha, qui en prit possession au nom du sultan Sélim II.

De cette époque commence une ère nouvelle pour Tunis.

V

Dans cette période de la domination turque, la Porte envoyait à Tunis un pacha qui gouvernait avec les deys, lesquels reconnaissaient la suzeraineté de la Turquie.

Le divan, ou conseil du vice-roi était, comme celui d'Alger, composé des principaux officiers des Janissaires.

Le gouvernement était aristocratique; le Divan était le dépositaire des pouvoirs ; le Dey était élu par le Divan ; et, à leur tour, les membres du Divan étaient choisis par le Dey. Quant au Pacha turc, ses fonctions se bornaient à recevoir le tribut pour son maître, le Sultan de Constantinople.

Cet état de choses ne fut pas de longue durée. A la fin du XVIIe siècle, l'influence de Constantinople était nulle, et le Sultan n'exerçait plus qu'un droit de suzeraineté nominale. En 1684, Mahmoud et Aly détrônèrent le dey Mahmed Icheleby, et rétablirent à Tunis une monarchie héréditaire; Mahmoud, premier sultan de Tunis, prit le titre de Bey.

Une révolution avait donné le trône à Mahmoud et à Aly: une révolution le leur retira en 1689.

Tunis, pendant quelques années, fut le théâtre de luttes de prétendants et d'émeutes populaires ; mais, en 1705, l'armée élut comme Bey un homme distingué, Hussein-ben-Aly, qui a été la tige de la maison actuellement régnante.

« Cette dynastie des Hussein-ben-Aly, dit l'historien de Tunis que nous avons déjà cité, a été glorieuse pour Tunis, car presque tous les princes de cette famille, qui se sont succédé jusqu'à nos jours, ont été des hommes remarquables par leur caractère, leurs talents, leur sagacité, leur intelligence ou leur générosité. »

2

VI

De 1685 datent les capitulations régulières entre le royaume de Tunis et la France. Vers 1770, une lutte faillit avoir lieu entre les deux États. Diverses causes avaient amené la rupture : L'île de Corse était en guerre avec Tunis lorsqu'elle fut vendue à la France ; l'incorporation amena quelques difficultés : le gouvernement tunisien ne voulait pas rendre les bâtiments corses qu'il avait capturés ; une seconde cause de complications surgit à propos de l apêche du corail et d'une altercation violente entre les capitaines de deux navires, l'un de guerre tunisien, l'autre de commerce français, et dans laquelle le capitaine français avait été maltraité par le tunisien.

Une expédition, commandée par le comte de Broves, fut dirigée contre Tunis ; le consul de France quitta la ville pour se rendre à bord d'un bâtiment français, et le fort de la Goulette fut bloqué.

De leur côté, les Tunisiens se fortifièrent ; la lutte devenait imminente.

« Alors, dit M. Henry Dunant, les négociants français établis à Tunis, redoutant les conséquences de la guerre, sollicitèrent du souverain la faveur de se retirer dans leur pays. Cette autorisation leur fut accordée, et ils s'embarquèrent à la Goulette sur des bâtiments de leur nation. Pour préserver les intérêts commerciaux, puisque le consul de France n'était plus à Tunis, le bey Aly ordonna que des gardiens fussent établis dans leurs maisons et magasins jusqu'au rétablissement de la paix.

« Il se trouvait encore à Tunis plusieurs capitaines marchands dont les bâtiments étaient ancrés à la Goulette; ils crurent devoir solliciter la même faveur qui venait d'être accordée aux négociants français, celle de regagner leur bord, et ils n'éprouvèrent aucune difficulté à l'obtenir. La conduite du Bey fut, en ces conjectures, des plus loyales et des plus humaines, car il ne lui vint pas à la pensée de retenir, ni de faire prisonniers des gens venus à Tunis en pleine sécurité et sur la foi des traités. »

Peu après le différend entre les deux puissances fut aplani; un traité fut signé; l'escadre rentra en France, et le Bey envoya une ambassade qui fut reçue avec beaucoup d'honneurs et de distinctions et rapporta à Tunis de riches présents du roi de France.

VII

Hammouda-Pacha, fils d'Aly-Bey, fut un grand homme. Il gouverna trente-deux ans, et son règne peut, à juste titre, s'appeler glorieux.

Tout jeune, Hammouda ayant donné des preuves du génie extraordinaire qui le rendirent populaire, son père lui avait fait élever un second lit de justice placé vis-à-vis du sien, et où l'enfant devait juger seul et par lui-même tous les différends que l'on venait lui soumettre. Son esprit, sa haute intelligence, sa perspicacité était si grande que, dit M. Dunant, il était fort rare qu'on en appelât de son tribunal à celui de son père, qui, cependant, était toujours prêt à réparer ce que les jugements de son fils pouvaient avoir de défectueux.

Hammouda-Pacha administra avec sagesse, rendant la justice d'une manière toute patriarcale, et accueillant avec bonté le plus misérable de ses sujets.

Hammouda mourut en 1814; son frère, Othman-Bey, qui lui succéda, mourut dans la même année.

VIII

Mahmoud, fils de Hammouda-Pacha, succéda à Othman-Bey et monta sur le trône en décembre 1814, et régna jusqu'au 28 mars 1824; mais, de son vivant, il avait associé au trône son fils aîné Hussein-Bey, qui lui succéda.

En mai 1816, ces deux princes abolirent dans leurs États l'esclavage des chrétiens. Ce fait seul suffirait pour illustrer leur règne qui fut une époque de prospérité.

Hussein-Bey régna onze ans et dix mois, et suivit dans sa politique et son administration la marche sagement progressive dont Hammouda-Pacha a légué l'exemple à ses successeurs.

Hussein-Bey organisa l'armée et appela de nombreux instructeurs pour la mettre sur un pied européen.

« C'était, dit M. Dunant, un homme fort spirituel et rempli de politesse, de bienveillance et d'affabilité pour les étrangers. Il accueillit un savant voyageur prussien, le prince de Puckler-Muskau, avec toutes sortes de distinctions. »

La mort de Hussein-Bey (26 mai 1835) fit passer la souveraineté de la Régence entre les mains de son frère Mous-

tapha-Bey, qui en prit possession le 27 mai, et qui, après
avoir régné seulement deux ans et demi, transmit par sa
mort, arrivée le 11 octobre 1837, le trône à son fils Ackmed-
Bey.

IX

Dès son avénement au trône tunisien, Ackmed-Bey se
montra disposé à introduire parmi ses peuples les bienfaits
de la civilisation européenne, et chaque jour de son administration a été marqué par une amélioration nouvelle.

Homme excellent, au cœur généreux, plein d'esprit et de
talent, ami du progrès, de l'instruction et de la civilisation,
Ackmed-Bey eut la gloire d'abolir l'esclavage des hommes
de couleur, tout autre esclavage ayant déjà disparu anté-
rieurement.

L'esclavage existait encore en Algérie et dans les colonies françaises, — et il fallut une révolution pour le détruire, — que dans la Tunisie il avait été aboli.

Ackmed-Bey émancipa les Juifs qui, avant lui, étaient
tenus dans un état de mépris, d'abjection et de persécu-
tion ; il fit beaucoup pour les chrétiens ; il donna une maison à l'évêque catholique-romain, lui paya ses voyages et
ses tournées pastorales dans la Régence, et lui fit don du
revenu de plusieurs boutiques attenantes à l'habitation
épiscopale.

Ce prince professait une affection particulière pour la
France à laquelle il demanda des officiers pour discipliner
ses troupes et les former à la tactique européenne.

Les innovations d'Ackmed-Bey mécontentèrent le gouvernement de Constantinople qui conserve toujours des prétentions de suzeraineté sur les États tunisiens ; nominalement, il est vrai, le Bey de Tunis est vassal de la Porte, mais de fait il est un souverain parfaitement indépendant. Cependant, en 1839, une expédition partit de Constantinople, sous les ordres de Tahir-Pacha, afin de rétablir la domination turque et de détrôner le Bey.

Prévenu à temps, le gouvernement français envoya l'escadre de la Méditerranée, sous les ordres des amiraux Lalande et Gallois, pour s'opposer au débarquement de Tahir-Pacha. Grâce à l'attitude ferme de notre Gouvernement dans cette circonstance, l'expédition de Tahir-Pacha échoua complétement et éloigna de Tunis les malheurs que la restauration du gouvernement turc aurait fait peser sur ce pays.

Grâce à ce secours qui ne lui fit jamais défaut, Ackmed-Bey put réussir, au milieu de mille embûches, à maintenir son autorité sur toute la Régence, à triompher de tous ses ennemis, et à assurer au commerce une liberté et une sécurité que bien des États plus civilisés pourraient lui envier.

Dans plusieurs occasions, ce prince éclairé donna des preuves de son affection pour la France ; c'est à elle que nous devons l'autorisation d'élever une chapelle consacrée à saint Louis, au milieu des ruines de cette Carthage illustrée par les derniers exploits et la mort du saint Roi ; cette autorisation est d'autant plus remarquable qu'elle enfreint des usages et des préjugés enracinés depuis des siècles par les traditions musulmanes.

En effet, quoique l'exercice de la religion chrétienne soit

toléré, et que l'existence des chapelles et autres lieux consacrés au culte chrétien y soit autorisée, cependant l'érection de tout nouvel édifice de cette espèce y est en quelque sorte prohibée et les permissions ne sont en général accordées que pour la réparation des édifices déjà existants.

Ackmed-Bey fit plus que d'accorder l'autorisation, il refusa de vendre le terrain destiné à la construction de cette nouvelle chapelle et voulut en faire un don gratuit à la France.

Une autre preuve des plus remarquables du penchant d'Ackmed-Bey pour la France, ainsi que de son constant désir de propager dans ses États la civilisation et les institutions de l'Europe, c'est la création à Tunis, d'un *collége européen*.

Dans ce collége, véritable gymnase de régénération, sont admis à participer aux bienfaits d'une instruction salutaire, non-seulement les enfants des chrétiens établis dans la Régence, mais encore ceux des populations musulmane et juive ; ils y reçoivent ensemble, avec l'enseignement de la langue française et des autres idiomes principaux de l'Europe, les premiers éléments des sciences les plus utiles à la société humaine.

L'importance que cet établissement salutaire pouvait avoir pour l'amélioration de son peuple n'échappa pas à Ackmed-Bey; ce prince éclairé témoigna, en maintes circonstances, son approbation à cette entreprise et s'empressa de lui accorder tous les encouragements qui furent sollicités auprès de son gouvernement.

C'était un progrès très remarquable, — l'administration algérienne l'a méconnu, elle, en créant un collége arabe; — c'était un très remarquable progrès que cette fusion dans une même réunion scolastique et dans une communauté d'enseignements des enfants musulmans avec ceux des chrétiens, jadis objet de leur antipathie, et surtout avec ceux des juifs jusqu'alors véritables parias de l'Orient, à peine regardés par les musulmans comme appartenant à l'espèce humaine. On peut, dit un ancien membre de l'Institut d'Égypte, M. J. Marcel, on peut certainement calculer d'avance quelle haute influence aura cette institution par la suite, même dans un avenir peu éloigné, sur la civilisation future des populations barbaresques, et sur la propagation des lumières de notre Europe dans ces contrées qui s'enorgueillissaient autrefois, à juste titre, d'être la patrie des saint Cyprien, des saint Augustin, parmi les chrétiens ; des Ebn Khaledoun, des Léon l'Africain, parmi les Arabes, et tant d'autres savants illustres.

X

En 1845, Ackmed-Bey avait reçu la visite du duc de Montpensier : en 1846, le prince de Joinville et le duc d'Aumale vinrent à leur tour visiter la Régence ; tous les trois furent reçus avec une cordialité hospitalière par le Souverain de Tunis qui se montra heureux de trouver dans cette triple visite une preuve certaine de la bienveillance du gouvernement français et la triple confirmation des promesses de bonne intelligence et d'appui qu'il en avait déjà reçues à différentes époques.

Ackmed-Bey saisissait avec empressement toutes les occasions de s'enquérir du progrès des arts en Europe, et surtout en France, et témoignait de son impatience de voir reproduire dans ses États, par les mains de ses sujets, les merveilles qu'il en avait apprises. Ainsi il introduisit dans la Régence plusieurs manufactures où se fabriquaient avec les laines tunisiennes les étoffes et les draps qui jusque-là avaient été tirés de l'étranger; il se proposait de fonder une imprimerie à Tunis et voulait peu à peu, assimiler son royaume aux pays civilisés de l'Europe.

Le voyage qu'il fit en France en 1846 est une preuve frappante du vif et sincère désir qui l'animait de faire participer les Tunisiens aux bienfaits et avantages incontestables de la civilisation européenne.

Avant de s'embarquer sur le bateau à vapeur *le Dante*, que le gouvernement français avait mis à sa disposition, Ackmed-Bey passa en revue ses troupes à la Goulette :

— « Je vous quitte, leur dit-il ; mais c'est pour vous que je vais en France. »

Lorsque du vaisseau qui l'emportait loin de Tunis, Ackmed vit disparaître les côtes d'Afrique, il s'écria:

— « Les princes musulmans, en allant dans l'Arabie visiter les deux villes saintes (*Haraméyn*), aspirent à obtenir le titre de pèlerin de la Mekke (*Hadjy*); moi, je serai le premier qui ait été visiter la terre des Francs pour mériter le titre de pèlerin de la civilisation européenne (*Hadjy frandjy*).

Ackmed-Bey débarqua à Toulon le 13 novembre, fut reçu dans le port par toutes les autorités civiles et militaires, et accueilli à la Préfecture maritime avec tous les honneurs qu'on décerne ordinairement aux Princes régnants et alliés de la France.

Après quelques instants seulement de repos; impatient

de connaître la capitale de la France, Ackmed-Bey se dirigea directement sur Paris où il arriva le 23 novembre, à
une heure après midi.

Le Palais de l'Élysée avait été préparé pour le recevoir.

Le lendemain de son arrivée, Ackmed-Bey fut reçu en
cérémonie aux Tuileries, par le roi et la famille royale;
puis il employa les journées suivantes à visiter les monu-
ments, les musées du Louvre, d'histoire naturelle, d'artil-
lerie, et les autres merveilles de la Capitale; il explora nos
manufactures, nos établissements industriels, il assista à
des revues brillantes, soit au fort de Vincennes, soit au
Champ de Mars; ces divers spectacles, si nouveaux pour
lui, impressionnèrent vivement le Souverain de Tunis qui
rendit un juste hommage à la splendeur artistique, indus-
trielle et militaire de la France qui se plaisait à dérouler
devant son hôte le tableau de ses richesses en tout genre.

Dans une visite qu'il fit à l'hôtel des Invalides, Ackmed-
Bey s'arrêta devant le cercueil de l'Empereur et dit, après
s'être recueilli longtemps :

— « Voici celui qui a rempli l'univers de son nom, et
« dont la gloire éclaire encore le Monde. »

Puis, comme on lui montrait l'épée de l'Empereur, il
ajouta :

« Cette épée a remporté bien des victoires, mais la plus
« belle, c'est, quand les Français s'égorgeaient entre eux,
« de les avoir défendus contre eux-mêmes et de leur avoir
« donné la paix intérieure. »

Les honneurs qui furent rendus au Prince pendant son
séjour en France mécontentèrent, dit-on, le gouvernement
ottoman dont l'ambassadeur formula une protestation contre
ces honneurs, qu'il regardait comme excédant l'étiquette

obligée, et qu'il prétendait être une offense à la dignité de son maître dont la France semblait aussi méconnaître la suzeraineté. La Porte était dans son rôle habituel en exprimant son mécontentement de voir traiter en prince souverain un Bey, qu'elle s'obstine à ne considérer que comme un simple vassal. Les protestations de la Porte ne modifièrent en rien les honneurs rendus au prince régnant d'un état avec lequel la France n'a jamais eu que de bons rapports, et qui, parmi les États musulmans, se fait remarquer par ses tendances vraiment libérales.

Au moment de quitter Paris, Ackmed-Bey envoya au préfet de la Seine une somme de vingt-cinq mille francs pour être distribuée aux familles nécessiteuses ; déjà dans chaque ville où il avait couché, des sommes importantes avaient été laissées par lui pour secourir les classes malheureuses ; à Roanne, entre autres, ému des désastres dont cette ville avait été frappée, il avait voulu contribuer à leur réparation pour une somme de cinquante mille francs. En agissant ainsi, dit un des biographes d'Ackmed-Bey, M. Marcel, le prince témoignait que, pour le véritable esprit de charité, le malheur et la compassion réparatrice sont de toutes les religions, et par ces actes de bienfaisance d'un fidèle croyant envers des infidèles, il a mérité d'entendre sur son passage les bénédictions du pauvre se mêler aux acclamations louangeuses des flatteurs et des courtisans.

Du reste, la bienfaisance d'Ackmed-Bey était inépuisable, et se répandait sur tous : lors d'une grande disette à Tunis, dit M. Dunant, il fit faire de nombreuses distributions de blé aux pauvres, sans distinction de culte ; et les Chrétiens et les Juifs reçurent, aussi bien que les Maures et les

Arabes, leur part de ces largesses, sans aucune inégalité pour les uns ou pour les autres.

Le 30 décembre, le Bey arrivait à la Goulette. La première mesure qu'il prit en rentrant dans ses États fut de décider, ayant remarqué que la côte offrait des dangers pour les navigateurs, qu'un phare serait immédiatement construit sur l'un des îlots des Cani, terminant ainsi son pèlerinage au centre de la civilisation par un acte d'humanité et de bienfaisance.

Les réformes d'Ackmed-Bey ne furent pas sans soulever des mécontentements parmi la partie la plus fanatique et la moins éclairée de la population ; mais il ne continua pas moins d'en poursuivre la réalisation avec constance et vigueur jusqu'à sa mort, arrivée dans la nuit du 30 au 31 mai 1855, après un règne de dix-huit ans.

XI

Le 1er juin, quelques heures après la mort de Ackmed-Bey, son cousin, alors Bey du camp, Sidi-Mohammed-Bey, faisait son entrée dans le Bardo et le canon annonçait aux habitants de la Tunisie que le gouvernement venait de changer de mains.

Sidi-Mohammed-Bey avait alors environ cinquante-deux ans.

D'une taille élevée, ce prince était robuste et puissant ; ses traits étaient d'une régularité pleine de calme et de douceur : en l'examinant avec soin, on remarquait dans ses yeux et sur ses lèvres les signes irrécusables d'une volonté ferme.

Petit-fils, fils, neveu et cousin des Beys qui l'avaient précédé, Sidi-Mohammed continua leur politique, et comme eux se fit remarquer par sa sagesse, son intelligence, son esprit de justice et d'équité.

Prince agriculteur, économe, il était le protecteur des arts et de l'industrie; il s'intéressait à toutes les découvertes de la mécanique, en retenant des ingénieurs et des mécaniciens distingués à son service; les artistes qui venaient à Tunis étaient accueillis avec faveur par le Bey; Max Baurer, le célèbre violoncelliste, dit M. Dunant, se trouvant à Tunis et ayant été mandé à la Marse pour jouer devant la cour, Son Altesse le récompensa plus largement que ne l'avait fait aucun des souverains de l'Europe devant lesquels l'habile musicien s'était fait entendre.

Un des premiers actes de Sidi-Mohammed en prenant les rênes de l'État avait été de réduire considérablement l'armée, dont le développement excessif sous Ackmed-Bey avait porté une funeste atteinte à l'agriculture, en lui enlevant un trop grand nombre de bras et en lui demandant plus d'argent qu'elle ne pouvait raisonnablement en fournir.

On cite plusieurs mots de Mohammed-Bey à ses ministres qui font honneur à son caractère : « Je veux que mon peuple soit heureux ! — Ne suis-je pas le père de mon peuple ? — Ne le chargez pas d'impôts, mes revenus me suffisent. — Ne dois-je pas rendre compte à Dieu de la manière dont j'aurai rendu la justice et administré ce grand peuple qu'il m'a donné à gouverner ? — Souvenez-vous vous-mêmes qu'un jour aussi vous serez jugés par le Tout-Puissant selon la manière dont vous aurez agi ! »

Tunis doit à Sidi-Mohammed-Bey une mesure qui assure la sécurité des habitants de la ville : c'est l'institution des rondes de nuit et des patrouilles militaires; anciennement, il y avait quelque imprudence pour les étrangers à se hasarder seuls dans la partie mauresque de la ville après le coucher du soleil.

L'établissement d'une Ecole des arts et métiers, dont la direction a été confiée à un Français, M. Garbeyron, a été autorisé par Sidi-Mohammed-Bey; à la Marse, il a fait creuser un puits artésien; enfin, non-seulement il accueillait les étrangers avec beaucoup de courtoisie, mais il exerçait l'hospitalité de la manière la plus digne et la plus noble.

Plusieurs établissements scientifiques reçurent des marques de sa générosité et de son amour pour les sciences européennes; la direction du jardin zoologique de Marseille, par exemple, ayant manifesté le désir de faire l'acquisition de plusieurs animaux sauvages, Mohammed-Bey donna des ordres pour qu'on se les procurât, et les envoya en cadeau à ce jardin.

Au moment de son avénement au trône, les vieux musulmans, ceux qui avaient protesté contre les réformes d'Ackmed-Bey, avaient espéré que Sidi-Mohammed se ferait l'instrument de leurs rancunes, et qu'avec lui refleuriraient les beaux jours de l'intolérance et du fanatisme. Un jour même, ils triomphèrent; mais leur victoire fut de courte durée. En 1857 les juifs eurent à subir quelques actes regrettables de violence.

Un de ces malheureux, entre autres, dans une rixe avec un Maure, blasphéma, dit-on, contre le Prophète.

Saisi et conduit devant le Bey, Sidi Mohammed ne put faire autrement que de le renvoyer devant le tribunal suprême de la *Chara* qui prononça sa condamnation à mort. En cette circonstance, écrivait M. Jules Duval au moment de la mort du Bey Mohammed, « en cette circonstance où la religion était trop directement en cause, le Bey ne crut pas pouvoir suspendre l'application d'une loi formelle, exactement conforme d'ailleurs à celle qui a gouverné les peuples chrétiens pendant le moyen âge ; mais il se montra docile aux représentations des consuls, et accueillit les pétitions, ou, pour mieux dire, les protestations des résidents européens, qui redoutaient une recrudescence du fanatisme musulman. »

Mohammed-Bey prit d'énergiques mesures pour réprimer les efforts des fanatiques, et n'hésita pas à donner des preuves incontestables de son intention de ne pas s'écarter de la voie des réformes suivie par ses prédécesseurs.

Des poursuites furent exercées contre les fauteurs de troubles ; les actes de violence commis contre des juifs furent sévèrement punis ; les auteurs et les complices furent arrêtés et envoyés aux galères.

Le tribunal suprême de la *Charâ*, aux volontés duquel le Bey avait dû se soumettre lors de la condamnation du juif accusé de blasphème contre le Prophète, fut dissous, et deux nouveaux tribunaux furent institués : l'un pour les contestations commerciales, l'autre pour les matières criminelles, devant connaître de tous les crimes et délits, et notamment en matières religieuses ; ce tribunal remplace le tribunal suprême de la Charâ, au grand mécontentement du vieux parti mahométan.

L'année précédente une réforme importante avait eu lieu à Tunis : « Sidi-Mohammed, dit M. Jules Duval dans les *Débats*, Sidi-Mohammed, d'accord avec son ministre des finances, Sidi-Mustapha, conseiller aussi habile que dévoué, se mettant au-dessus du Koran, bouleversa le système des impôts établis par le livre saint, les bouleversa tous, sauf la dîme (*l'achour*), et l'impôt sur les oliviers, et les remplaça par une contribution personnelle de 3 piastres par mois. Comme la réforme se traduisait par un allégement financier pour les sujets, ils ne montrèrent aucun souci du Koran; mais les grands et les ulémas, privilégiés de la fortune ou de la religion, furent violemment froissés dans leurs intérêts et leurs croyances. Ils gardèrent néanmoins une attitude prudente, et il fut démontré par cette première expérience que les règlements administratifs du Koran peuvent être impunément modifiés. C'est une leçon indirecte à l'adresse du gouvernement de l'Algérie qui, depuis 1830, a proclamé un respect absolu pour la loi civile musulmane, par le motif qu'on ne pouvait y toucher sans mettre en feu les tribus. Qu'on n'y touche que pour leur bien, surtout pour diminuer leurs charges, et elles applaudiront. Les peuples musulmans n'ont pas de fanatisme contre leurs intérêts, ils ne demandent de respect absolu que de leur foi et de leur culte. »

XII

Nous avons dit plus haut que des protestations avaient été adressées par les consuls européens contre les actes violents commis contre les juifs, que le Bey avait puni les fauteurs de ces troubles, et avait donné aux représentants des puissances européennes l'assurance de continuer la politique libérale de son prédécesseur.

Mohammed-Bey, en présence des consuls européens et du vice-amiral Trehouard, qui s'était rendu dans les eaux de

Tunis pour appuyer les réclamations des consuls, Mohammed-Bey donna un nouveau témoignage de son amour pour
le progrès et la liberté en proclamant, au palais du Bardo,
une constitution dont les dispositions libérales dépassent de
beaucoup le *Hatti-Sherif* du sultan de Constantinople.

Voici les principales dispositions de cette constitution qui
ouvrait une ère nouvelle aux populations tunisiennes et les
plaçait non-seulement dans des conditions bien supé-
rieures à celles des autres États musulmans, mais encore de
bien des États civilisés de l'Europe :

« 1° Une complète sécurité est formellement garantie à
nos sujets, à tous les habitants de nos États, quelles que
soient leur religion, leur nationalité et leur race. Cette sécurité s'étendra à leurs personnes, à leurs biens et à leur
honneur.

« Cette sécurité ne subira d'exception (quant à nos sujets) que dans les cas légaux dont la connaissance sera dé-
volue au conseil de Medjhe.

« La cause nous sera ensuite soumise, et il nous appar-
tiendra, soit d'ordonner l'exécution de la sentence, soit de
commuer la peine prononcée, soit enfin de prescrire une
nouvelle instruction de l'affaire.

« 2° Tous nos sujets seront assujettis à l'impôt existant
aujourd'hui, ou qui pourra être établi plus tard, propor-
tionnellement et quelle que soit la position de fortune des
individus, de telle sorte que les grands ne seront point
exempts du *canoun*, à cause de leur position élevée, et que
les petits n'en seront point exempts non plus à cause de
leur faiblesse.

« Le développement de cet article aura lieu d'une manière claire et précise.

« 3° Les musulmans et autres habitants du pays seront égaux devant la loi ; car ce droit appartient naturellement à l'homme, quelle que soit sa condition.

« La justice, sur la terre, est une balance qui sert à garantir le bon droit contre l'injustice, la faiblesse du faible contre les attaques du fort.

« 4° Nos sujets israélites ne subiront aucune contrainte pour changer de religion et ne seront point empêchés dans l'exercice de leur culte. Leurs synagogues seront respectées et à l'abri de l'insulte.

« Leur état de *Dhima* ou de protection dans lequel ils se trouvent doit leur assurer nos avantages, comme je dois aussi leur imposer nos charges.

« 5' Attendu que l'armée est une garantie de sécurité pour tous et que l'avantage qui en résulte tourne au bénéfice du public en général ;

« Considérant, d'autre part, que l'homme a besoin de consacrer une partie de son temps à son existence et aux besoins de sa famille ;

« Nous déclarons que nous n'enrôlerons les soldats que suivant un règlement et d'après le mode de conscription au sort.

« Le soldat ne restera point au service au delà d'un temps limité, ainsi que cela sera déterminé dans un Code militaire.

« 6° Lorsque le tribunal criminel aura à se prononcer sur la pénalité encourue par un israélite sujet, il sera adjoint audit tribunal des assesseurs également israélites.

« Cette mesure aura pour effet d'ôter toutes craintes de partialité aux israélites.

« La loi religieuse les rend d'ailleurs l'objet de recommandations bienveillantes.

« 7° Nous établirons un tribunal de commerce composé d'un président, d'un greffier et de plusieurs membres choisis parmi les musulmans et les sujets des puissances amies.

« Ce tribunal, qui aura à juger les causes commerciales, entrera en fonctions après que nous nous serons entendu avec les grandes puissances étrangères, nos amies, sur le mode à suivre pour que leurs sujets soient justiciables de cette juridiction.

« Les règlements de cette institution seront développés d'une manière précise, afin de prévenir tous conflits et tous malentendus.

« Tous nos sujets, musulmans ou autres, seront soumis également aux règlements et aux usages en vigueur dans le pays.

« Aucun d'eux ne jouira à cet égard d'un privilége sur un autre.

« 8° Liberté du commerce pour tous, sans aucun privilége pour personne.

« Le gouvernement s'interdit à lui-même tout commerce.

« Le commerce en général sera l'objet d'une sollicitude protectrice, et tout ce qui sera de nature à lui causer des entraves sera évité.

« 9° Les étrangers qui viendront s'établir dans nos États pourront y exercer toutes les industries et tous les métiers, à la condition qu'ils se soumettront aux règlements établis et à ceux qui pourront être établis par la suite, à l'égal des habitants du pays.

« Nul ne jouira à cet égard de priviléges sur personne.

« Cette liberté leur sera acquise dès que nous nous serons entendu avec leurs gouvernements sur le mode d'application qui sera développé et expliqué.

« 10° Les étrangers appartenant aux divers gouvernements qui viendront s'établir dans nos États pourront acheter librement toutes sortes de propriétés, telles que maisons, jardins, terres, à l'égal des habitants du pays, à la condition qu'ils seront soumis aux règlements existants ou qui pourront être établis, sans qu'ils puissent s'y soustraire.

« Il n'y aura pas la moindre différence à leur égard dans les règlements du pays.

« Nous ferons connaître ensuite le mode d'habitation (dans les villes), de telle sorte que le propriétaire en aura une connaissance parfaite, et qu'il sera tenu de l'observer. »

Les bases de cette constitution furent hautement approuvées par les puissances de l'Europe ; à Tunis, les Européens l'accueillirent avec une vive reconnaissance et des fêtes eurent lieu à cette occasion : le consul de France, M. Roches, donna un grand bal où figurèrent les plus hauts personnages musulmans de la Régence.

La législation commerciale reçut en même temps d'importantes modifications que les *Annales du commerce extérieur* résumèrent ainsi : « Le Bey prenait, d'une part, l'engagement d'accorder une entière liberté au commerce, d'abolir les monopoles existant sous le nom de fermes, et d'organiser sur des bases régulières la justice commerciale. D'autre part, d'après les dispositions nouvelles arrêtées par le Bey, les étrangers devaient avoir, à l'avenir, la faculté de créer et de posséder des établissements industriels dans la Régence. »

Indépendamment de ces réformes dont on assurait la prochaine exécution, quelques améliorations étaient mises, d'hors et déjà, en vigueur. Ainsi, le transport par mer des produits indigènes, interdit jusqu'alors d'un port à l'autre de la Régence, était autorisé, à la condition, pour les navires opérant le transport, de déposer en douane le montant des droits de sortie.

De plus, le Bey, renonçant au monopole de l'exportation des céréales, dont il s'était réservé le monopole depuis 1855, décidait qu'à l'avenir ce commerce serait permis ou interdit à tous les négociants, suivant l'état des approvisionnements du pays.

Enfin, le droit prélevé par le gouvernement tunisien sur la récolte des olives, qui donnait lieu à des abus préjudiciables aux producteurs indigènes et au commerce étranger, était régularisé et fixé à 10 0/0.

Le Bey Mohammed s'appliqua à mettre en pratique les principes proclamés dans la Constitution octroyée en 1857, et les populations ne tardèrent pas à en sentir les bienfaits. « Dès ce jour, dit M. J. Duval, dans l'article que nous avons déjà cité, l'administration prit une régularité jusqu'alors inconnue; les étrangers sentirent croître leur confiance, et depuis lors aucun nouveau scandale de barbarie oppressive n'est venu affliger l'Europe. Le progrès matériel suit le progrès moral; et, pour traduire la situation en un seul chiffre, dans l'Etat de Tunis, quoique bien arriéré en fait d'industrie civilisée, le mouvement commercial s'élève annuellement, importations et exportations comprises, à 12 ou 13 millions de francs, tandis que dans le Maroc, six fois plus étendu et plus peuplé, le commerce total atteint à peine 18 millions.

En 1858, Mohammed-Bey commença l'application importante et sérieuse de son plan de réformes en instituant à Tunis un Conseil municipal composé de tous les éléments de la population et investi d'attributions considérables ; peu de temps après, il créa un ministère des travaux publics, dont les fonctions, prises au sérieux, ne devaient pas être une sinécure.

La mort surprit Sidi-Mohammed-Bey encore dans la force de l'âge, et bien avant que son œuvre fût consolidée. Comme souverain, il a laissé une mémoire honorée pour sa modération, son esprit de justice, ses intentions bienveillantes et ses actes de courageuse rénovation ; il a rattaché son nom à d'utiles créations industrielles ; enfin, il a continué honorablement la voie ouverte par Ackmed-Bey, son prédécesseur, et rendu plus facile la tâche de son frère et héritier, Sidi-Mohammed-el-Sadak, investi, sous son règne, à titre d'héritier présomptif, de la haute fonction de Bey du camp.

XIII

Sidi-Mohammed-el-Sadak, proclamé et reconnu Bey de la régence de Tunis, le 24 septembre 1859, a juré, en prenant les rênes du pouvoir, d'observer la constitution donnée par son prédécesseur, et, depuis son avénement, il n'a cessé de marcher dans la voie des réformes économiques. Sidi-Mohammed-Bey n'avait posé que les principes d'une constitution libérale, S. A. Mohammed-el-Sadak l'a élaborée, développée, et sa promulgation a été décrétée récemment.

Le Bey Mohammed-el-Sadak est un homme de quarante-cinq ans environ; sa physionomie est sérieuse, son abord plein de bienveillance. Depuis qu'il est au pouvoir, la France n'a rien perdu, à la cour de Tunis, de sa haute influence, acquise par des efforts séculaires. Du reste, notre pays est représenté à Tunis par un consul général, M. L. Roches, initié de très longue date aux affaires d'Afrique, et qui a inspiré ou appuyé tous les progrès accomplis dans la Régence.

D'ailleurs, la politique suivie par la France dans ses relations avec la Tunisie est conforme aux intérêts des deux nations et aux faits que nous avons rappelés plus haut; M. Jules Duval l'a parfaitement résumée dans les lignes qui suivent :

« On sait, dit-il, que l'ancienne régence de Tunis a ressaisi, depuis le commencement du dix-huitième siècle, son indépendance à l'égard de la Porte Ottomane, qui n'était devenue elle-même maîtresse de ce pays que par la conquête de Kheir-ed-Din, le frère cadet de Barberousse. Ce fait était-il devenu un droit? C'est un débat entre les deux maisons régnantes à Tunis et à Constantinople. La Turquie ne considère la Tunisie que comme un *eyalet*, simple province de ses vastes Etats, administrée en son nom par un Bey à qui elle s'empresse d'envoyer le titre de pacha sans qu'on le lui demande, pour ne pas laisser périmer ses prétentions.

« Le Bey, loin d'accepter le rôle de simple fonctionnaire ou même celui de vassal, entend ne relever que de lui-même. Il règne et gouverne à son gré; mais, comme prince musulman, il rend hommage au khalife d'Orient, chef religieux de l'islamisme. De là un échange de bons procédés et de bons rapports où l'un n'accepte qu'au spirituel les titres et les secours que l'autre offre au temporel. Malentendu obstiné et permanent, qui se manifeste à chaque occasion opportune par l'envoi d'une escadre à Tunis, destinée à interpréter les volontés du Sultan.

« De longue date, la France a pris parti pour l'indépendance de Tunis. A toute époque, ses rois ont conclu avec les maîtres de ce pays des traités d'amitié et de commerce, sans aucun souci de Constantinople; or, ce qui n'était qu'une règle diplomatique devint un intérêt de premier ordre par la conquête de l'Algérie. Dès le 8 août 1830, un traité de paix et une attitude neutre étaient imposés au Bey de Tunis par les nouveaux maîtres d'Alger. Quelques mois après, le maréchal Clausel confiait à des princes de la maison régnante à Tunis le commandement de Constantine et d'Oran. Lorsqu'en 1839 le Divan dirigea une escadre sur Tunis pour y rétablir son autorité, le gouvernement français donna ordre immédiat aux amiraux Lalande et Gallois d'aller s'opposer au débarquement.

« En 1841, mêmes menaces de la part de la Porte, appuyées d'une escadre de seize bâtiments de guerre et de dix mille hommes de troupes : nouvelle intervention de la France, suivie, cette fois, par les ordres de lord Palmerston, de l'intervention de l'Angleterre en faveur de la Turquie. Les escadres française et anglaise se rencontrèrent dans les eaux de Tunis avec des ordres contraires. Heureusement pour l'alliance anglaise, l'insurrection de Candie vint détourner le Sultan de ses projets, et le ministère de lord Palmerston fut renversé. La protection de la France fut scellée par trois visites que firent successivement au Bey , en 1845 et 1846, les princes de Montpensier, de Joinville et d'Aumale. A son tour, le Bey vint à Paris rendre visite au roi Louis-Philippe au mois de novembre 1846, comme avait fait quelques mois auparavant Ibrahim-Pacha. Au spectacle de grandeur, de puissance et de prospérité qui se déroula sous ses yeux, ce prince tunisien se sentit plus résolu que jamais à rechercher l'amitié de la France. L'Angleterre elle-même borna désormais son action à Tunis aux menées actives mais pacifiques de ses conseils pour amoindrir la prépondérance française. »

Le rôle de la France est tout tracé dans ce résumé historique. Nous avons tout intérêt à régler nos affaires avec le maître de Tunis de voisin à voisin, au lieu de les élever à la hauteur d'un débat européen, ce qui arriverait infailliblement, si la Tunisie passait, à l'instar des provinces danubiennes, sous la suzeraineté et surtout sous la souveraineté de Constantinople.

Du reste, la politique française est également favorable aux sujets du Bey, aux races opprimées et aux étrangers résidents; elle est à la fois conforme à l'histoire, utile à la civilisation et avantageuse à notre paisible domination de l'Algérie.

XIV

En montant sur le trône, Sidi-Mohammed-el-Sadak a partagé l'exercice du pouvoir entre trois ministères principaux :

Le *Khasnadar* est chargé des finances, des affaires étrangères et de l'intérieur; il a sous ses ordres plusieurs directeurs et sous-directeurs; ce poste a été confié à Si-Mustapha, homme d'un vrai mérite et de beaucoup de talent.

Le ministère de la guerre (*Saheb-el-Zaghaïa*) est occupé par Si-Mustapha-el-Agha.

Le ministère de la marine est entre les mains du général Chaïr ed-Din, ancien commandant de la cavalerie, homme éminent, d'un rare mérite, et qui a passé plusieurs années en France.

En outre de ces ministres, il y a plusieurs grands fonctionnaires, comme le *Saheb el Thaba*, ou garde des sceaux, le *Saheb el Djebira* ou secrétaire du Bey, le Cheik Ul-Islam, le payeur général, etc.; ce dernier est un juif qui se nomme le Caïd Nesmi.

En attendant la création du grand conseil ou sénat que doit comporter l'organisation nouvelle, le Bey appelait à son conseil privé tous les anciens fonctionnaires et tous les hommes intelligents qui lui paraissaient susceptibles de lui offrir de bons avis; le Bey reçoit en outre souvent les consuls européens, particulièrement le consul de France, M. L. Roches, dont il reconnait les hautes qualités, et se rend volontiers à leurs inspirations.

Le Bey rend lui-même la justice trois jours par semaine au palais du Bardo; il est assisté de ses ministres, et ses jugements reçoivent leur exécution immédiate.

La justice est toujours rendue au nom de Dieu; et c'est gratuitement qu'elle est rendue. Tous les sujets du Bey sont admis, s'ils ont quelque demande à faire ou quelque différend à vider, de l'apporter au pied du trône. — Chacun, dit M. Henry Dunant, qui a habité assez longtemps la Régence, chacun s'adresse au Bey avec un profond respect.

mais librement, et plutôt comme à un père vénéré que comme à un puissant prince qui, d'un signe, peut faire trancher la tête auquel que ce soit de ses sujets. — C'est un fait digne de remarque que le Maure ou l'Arabe le plus chétif et le plus obscur, qui se présente pour plaider sa cause devant son souverain, s'exprime avec aisance et lucidité, en même temps qu'avec dignité, convenance, et quelquefois avec une véritable éloquence; bien supérieur en ceci à plus d'un paysan européen qui, devant le maire seulement de son village, ne sait quelle contenance tenir, et balbutie quelques mots, sans suite et sans grâce, en tortillant sa casquette dans ses mains.

L'armée, assez considérable sous le Bey Ackmed, a été considérablement diminuée par son successeur; aujourd'hui l'armée tunisienne est surtout formée à l'aide des tribus Maghzen. C'est à la tête des contingents que fournissent ces tribus que le Bey du camp (titre et fonction de l'héritier présomptif) va demander l'impôt.

Il y a à Tunis, depuis le Bey Ackmed, une mission militaire française. Dans l'origine, les officiers qui la composaient étaient répartis auprès des divers camps établis par le Bey autour de la ville, et dirigeaient l'instruction des troupes. L'un de ces officiers était chargé de l'école militaire.

Aujourd'hui, trouvons-nous dans une publication officielle, il n'y a plus de camps, et la mission est réduite à un seul officier, le chef de bataillon d'infanterie de Taverne, dont les attributions se bornent à la direction de l'école. Il est secondé par trois professeurs français, un cadre d'instructeurs tunisiens et des talebs.

L'école est installée dans le palais même du Bey, et le

souverain s'en occupe avec sollicitude. Les élèves doivent être nommés sous-lieutenants dans l'armée après six années d'étude. Comme l'école a été récemment réorganisée, elle ne renfermait, en 1860, que des élèves de quatrième, de troisième, de deuxième et de première année d'études. L'effectif total est de soixante élèves. Les résultats obtenus sont remarquables, et généralement les élèves font en peu de temps de grands progrès.

La marine tunisienne se compose d'une frégate à voiles et de trois petits bâtiments à vapeur ; les canonniers et matelots sont Tunisiens, les mécaniciens et chauffeurs sont Européens.

Les relations diplomatiques ne relèvent que du Bey.

Le Bey a seul la perception des impôts ; mais il a seul aussi l'administration des revenus publics, celle de la police générale et particulière, la haute surveillance des fonctionnaires et tout ce qui regarde l'armée, la marine et les travaux publics.

Depuis plusieurs années, un ingénieur français est en mission à Tunis pour la construction des routes.

Sidi – Mohammed – el – Sadak poursuit avec constance l'exécution des mesures qu'il juge si sagement devoir concourir à l'amélioration et au bonheur futur de son pays. Ainsi, quelques mois après son arrivée au pouvoir, se rendant aux conseils de notre consul, le Bey décida la construction d'une ligne télégraphique reliant la Tunisie et l'Algérie. MM. Bardonnaud, inspecteur des lignes télégraphiques de la division d'Alger, et Cellier, inspecteur, furent autorisés, par le gouvernement français, à installer la ligne de Tunis à Alger ; le 8 mai 1860, cette ligne a été inaugurée par la dépêche suivante :

Tunis, le 8 mai 1860, à 2 heures.

Le Consul chargé des affaires de France à M. le général commandant supérieur des forces de terre et de mer. Alger.

« Son Altesse le Bey me charge de vous témoigner la
« satisfaction qu'il éprouve de pouvoir être en communica-
« tion si prompte avec vous, grâce à la bienveillante inter-
« vention de la France. Il espère que toutes ces communica-
« tions ne seront que pour le bien.

« Le Consul général de France,
« Léon Roches. »

A cette dépêche, M. le général de Martimprey s'empres-sait de répondre par une autre dépêche dans laquelle il priait M. le consul général de remercier Son Altesse et de lui exprimer les vœux qu'il forme pour que le télégraphe ne transmette que des dépêches amicales et utiles aux deux pays.

La Régence de Tunis possède aujourd'hui 300 kilomètres de télégraphe électrique : 18 de la Goulette à Tunis, 5 de Tunis au Bardo, 65 du Bardo au Medjez-el-Bab, 130 de Medjez-el-Bab au Kaf, 40 du Kaf à la frontière d'Algérie, et 40 du Medjez-el-Bab à Beja.

En même temps qu'il dotait le pays d'une ligne télégra-phique, le Bey prenait la résolution de donner à sa capitale l'eau qui lui manque, et c'est un ingénieur français qu'il chargeait de diriger les travaux de cette entreprise qu'on peut dire colossale pour le pays, car sa complète exécution ne coûtera pas moins de 7 millions. Les prises d'eau sont fort éloignées : l'une est à Zaghouan, à 45 kilomètres de Tunis ; l'autre à Djougar, à 60 kilomètres ; elles donneront deux cents litres à la minute. C'est, dit la *Revue algérienne*, plus qu'il n'en faut pour la ville ; aussi pourra-t-on en employer une partie en fructueuses irrigations aux environs, en remplacement ou en supplément des mauvais puits à manége qui fonctionnent aujourd'hui dans tous les jardins.

Plus récemment, S. A. le Bey a autorisé l'organisation du transport des dépêches dans toute la Régence ; sous sa protection, une compagnie a été formée pour l'exploitation de tous les services postaux que peut ou pourra comporter la Tunisie. Cette mesure ne peut manquer de donner un vaste développement aux ressources du pays.

XV

Le 17 septembre 1860, l'Empereur Napoléon III débarquait à Alger, accompagné de S. M. l'Impératrice, au milieu d'une affluence considérable de colons algériens et d'étrangers venus pour assister aux fêtes. Quant aux indigènes, jamais — même à l'époque la plus brillante du règne des Deys —Alger n'en avait vu dans ses murs une réunion plus grande. Des extrémités du Sahara, les grands chefs des trois provinces étaient accourus pour venir camper à côté des Kabyles descendus des cimes du Djurjura, cette contrée qui avait échappé à toutes les dominations étrangères.

Pour la première fois, depuis 1830, le Chef de l'empire français venait prendre possession du territoire conquis et recevoir solennellement le serment de soumission des populations musulmanes sur lesquelles le gouvernement impérial est appelé « à répandre les bienfaits de la civilisation, en « les élevant à la dignité d'hommes libres, en répandant « sur eux l'instruction, tout en respectant leur religion, « en améliorant, — enfin, — leur existence, en faisant « sortir de cette terre d'Afrique tous les trésors que la « Providence y a enfouis et qu'un mauvais gouvernement « laisserait stériles. »

Quelques heures après l'entrée de Leurs Majestés à Alger, S. A. le Bey de Tunis arrivait, à bord de la frégate *la Foudre*, dans la rade d'Alger.

Le souverain de Tunis avait voulu, par cette visite à l'Empereur, donner un témoignage éclatant de ses sympathies pour la France et de son profond désir de conserver avec elle les bonnes relations qui, depuis des siècles, sont la politique traditionnelle des deux puissances.

S. A. le Bey fut accueillie avec tous les honneurs dus à son rang; chacun des vaisseaux composant la flotte impériale et devant lequel passa le Bey, salua Son Altesse de vingt et un coups de canon.

Au moment où la frégate *la Foudre* jeta l'ancre, le contre-amiral Baudin et son état-major se rendirent à bord, avec le colonel Lallemand et le capitaine d'état-major de Polignac, désignés par l'Empereur pour être attachés à la personne de Son Altesse pendant toute la durée de son séjour à Alger.

Trois voitures de la cour, avec une escorte de cavalerie, attendaient au débarcadère pour conduire Son Altesse et sa suite à l'hôtel de la préfecture qui avait été mis à sa disposition.

Sidi Mustapha Khaznadar, premier ministre; Sidi Mus-

tapha Agha, ministre de la guerre; le général Hussein, di-
recteur des affaires étrangères, accompagnaient le Bey,
ainsi que M. Roches, consul général de France à Tunis, qui
servit d'interprète dans toutes les entrevues que S. A. le
Bey eut avec S. M. l'Empereur.

Immédiatement après son arrivée à la préfecture, S. A. le
Bey de Tunis reçut la visite de M. le Comte de Chasseloup-
Laubat, ministre de l'Algérie et des colonies et de M. le général de Martimprey, commandant des forces de terre et de
mer de l'Algérie. Puis S. A., accompagnée de ses
ministres et des officiers de sa maison, se rendit dans des
voitures de la cour au palais impérial, où elle fut reçue aus-
sitôt par LL. MM. l'Empereur et l'Impératrice.

Après cette première entrevue, S. A. le Bey de Tunis
fut reconduite avec le même cérémonial à l'hôtel de la préfecture.

Le soir, à sept heures, l'Empereur réunissait à un grand
banquet S. A. le Bey et les personnages de sa suite, les
autorités civiles, militaires et judiciaires de la colonie,
ainsi que les principaux chefs indigènes.

Au dessert, le Bey porta à Leurs Majestés un toast, traduit par M. Léon Roches, dont voici le sens plutôt que le
texte précis :

« A Sa Majesté l'Empereur des Français, que je remercie
« de l'insigne honneur qu'il a daigné me faire en m'invitant
« à venir le saluer ici. Je me réjouis d'autant plus de cette
« haute faveur, que je sais que je suis le premier souverain
« musulman qui ait joui de ce grand honneur. »

Puis Son Altesse a ajouté : « qu'elle s'efforcerait tou-
« jours de suivre les exemples de l'Empereur, parce qu'elle

« savait qu'en agissant ainsi elle assurerait le bonheur de
« ses peuples. »

L'Empereur répondit par quelques paroles dont le sens
peut être ainsi traduit :

« Je porte un toast au Bey de Tunis, mon bon et noble
« allié; j'espère qu'il sera toujours un bon voisin, et je
« serai heureux moi-même du bonheur de son peuple. »

Avant de quitter le palais impérial, le Bey de Tunis remit
à l'Empereur la décoration en diamants du Nichan, et l'Empereur décora le Bey du grand cordon de la Légion d'honneur.

Le 18 septembre, S. A. le Bey de Tunis assistait, aux
côtés de l'Empereur, à cette admirable fantasia dont l'an-
nonce avait attiré à Alger tant d'étrangers et d'artistes cu-
rieux de voir un spectacle plein d'animation et de splendeur et qui, sans doute, ne se renouvellera jamais.

La plaine immense qui s'étend sur la rive droite de l'Ar-
rach, au-dessous de la Maison-Carrée, avait été choisie pour
être le théâtre des mille scènes de la fantasia.

Sur l'étroit plateau d'une colline au pied de laquelle
s'étend la plaine, une tente avait été dressée pour Leurs
Majestés. C'était une véritable tente du désert, en poil de
chameau, rayée de gris, de brun et de noir; l'intérieur avait
été orné d'étoffes orientales magnifiques et meublé à
l'arabe.

A peine les augustes personnages avaient-ils pris place
sous la tente, que les différentes scènes de la vie nomade,
si bien décrites par MM. Daumas et de Chancel, se dérou-
lèrent en tableaux rapides sous leurs yeux.

Du côté de la Maison-Carrée, débouche dans la plaine
une de ces caravanes qui portent à R'at, à R'dames ou au

Touat des étoffes, de la poudre, des armes, du tabac, pour les échanger contre l'ivoire, la poudre d'or et les esclaves du Soudan.

Les troupeaux de bœufs et de moutons s'avancent d'abord, conduits par des bergers, puis les chameaux chargés de grains, d'outres pleines d'eau et de toutes provisions de voyage; d'autres viennent après, portant les marchandises; enfin, sur d'autres encore se balancent les attatich de soie aux couleurs éclatantes et garnies de bouquets de plumes d'autruche. La criarde musique arabe, soufflant sans relâche, marche sur les flancs du convoi qu'accompagne une troupe de cavaliers.

La caravane arrive près d'une éminence boisée où s'est embusquée une tribu ennemie qui se précipite sur le convoi en poussant de grands cris et en dirigeant contre lui un feu bien nourri.

Les troupeaux et les chameaux se dispersent de tous côtés au premier choc, mais l'escorte fait une vigoureuse résistance; à quelque distance la caravane se réorganise, les femmes excitent les combattants, une tribu amie vient au secours de la caravane; l'attaque redouble cependant, des fantassins kabyles viennent se joindre aux assaillants, la plaine entière est en feu; de tous côtés accourent des cavaliers qui viennent se mêler à l'action; huit mille Arabes prennent part à cette lutte; cent mille cartouches sont brûlées dans l'espace d'une heure.

Ni la plume ni le pinceau ne pourraient décrire le merveilleux spectacle de cette fantasia, avec ses épisodes nombreux, ses péripéties multiples; chaque groupe est un petit drame pouvant fournir le sujet d'un tableau. L'œil ne peut embrasser tout le spectacle dont le théâtre est une plaine de plusieurs lieues obscurcie par les nuages gris de la poussière, bleuâtres de la fusillade, dans lesquels apparaissent, passant rapidement, comme des étincelles au milieu de la fumée, les burnous blancs ou rouges des cavaliers.

Après la fantasia, image de la guerre, viennent des plaisirs du Sahara, c'est-à-dire la chasse à l'autruche, la chasse à la gazelle et au faucon.

A ces différentes scènes succède un spectacle plus imposant, plus grave et qui devait laisser dans l'esprit des assistants un souvenir ineffaçable. Les Arabes et les Kabyles se massent au pied de la colline où est placée la tente impériale ; les chefs se détachent du groupe, montent jusqu'à l'Empereur et l'Impératrice pour leur rendre hommage ; les députations de chacune des trois provinces amènent les chevaux de Gaada conduits chacun par quatre chefs, deux tenant la bride, deux les étriers.

Le premier chef qui a l'honneur d'adresser la parole à l'Empereur est le Bach-Agha si Tahar ben Mahi-Eddin. Il s'incline profondément, baise trois fois la main de l'Empereur, se retire en arrière, s'avance de nouveau, baise encore la main de Sa Majesté, et, d'une voix assurée, lui adresse un long discours dans lequel il exprime à l'Empereur la plus entière soumission et proteste du dévouement de ses frères pour le sultan Napoléon ; une partie de ce discours est consacrée à S. M. l'Impératrice, dont il célèbre la beauté, la grâce et la majesté, dans le style fleuri de l'Orient : « Nous n'avions pas entendu dire jusqu'ici que le « soleil se levât du côté du Nord ; mais nos yeux ont contemplé ce miracle dans sa réalité. Il s'est levé sur l'Afrique et les bienfaits sont répandus comme une pluie bienfaisante. »

Après les députations arabes vient celle des Kabyles, formée par les Amins el Oumena et les chefs de la subdivision de Dellys. Le Bach-Agha-Si-Mohammed Kassy dépose aux pieds de l'Empereur un fusil, Ahmed Yattareb, des Beni-Ratten, une cartouchière, en adressant à Leurs Majestés un discours commençant ainsi :

« SIRE,

« Que Votre Majesté veuille bien accepter ce fusil, emblème des sentiments du peuple kabyle.

« Il dit à Votre Majesté que nos bras ne s'armeront plus que quand elle le jugera utile à ses desseins.

« Il dit aussi que nous avons abandonné à la sollicitude de votre commandement le soin de gouverner notre pays. »

A plusieurs reprises, pendant cette cérémonie où la soumission et le respect des chefs les plus considérables de l'Algérie s'est exprimée avec un caractère de sincérité et de noblesse qui a touché l'Empereur, les indigènes musulmans ont rappelé la part qu'ils avaient prise dans les glorieuses campagnes de Crimée et d'Italie, versant leur sang pour la France qu'ils ont combattue longtemps, mais à laquelle ils sont aujourd'hui à tout jamais soumis.

Cette scène imposante avait pour témoin le Bey de Tunis, c'est-à-dire un illustre chef musulman, dont la présence consacrait en quelque sorte les prémisses de la fusion qui doit un jour s'opérer entre deux races longtemps ennemies, aujourd'hui étroitement unies.

Le lendemain, 19, le Bey de Tunis assistait à un déjeuner offert à Mustapha par le ministre de l'Algérie et des colonies, puis se rendait à cheval, à côté de l'Empereur, à la grande revue des troupes et des milices algériennes, qui avait lieu sur le champ de manœuvres. Le Bey portait le Grand cordon de la Légion d'honneur.

Immédiatement après la revue, S. A. le Bey prit congé de l'Empereur et de l'Impératrice et gagna la frégate *la Foudre* qui devait le ramener à Tunis.

Pendant les trois jours que S. A. le Bey de Tunis passa à Alger, il reçut de la population, tant européenne qu'indigène, de nombreux témoignages de respect et de sympathie; j'ai été témoin de cet accueil empressé fait au souverain de Tunis, et c'est à dessein que je me suis étendu sur sa présence à Alger.

Cette étude a pour but non-seulement de résumer les développements successifs de la civilisation en Tunisie, mais encore de faire ressortir le contraste offert par cette contrée s'ouvrant pacifiquement à l'industrie et accordant aux populations chrétiennes les plus larges concessions en faveur de leur culte, avec les désordres encouragés par la faiblesse, l'incurie, la connivence fanatique des autorités turques en Syrie.

A Tunis et dans toutes les provinces soumises à la domination de Sidi Mohammed el Sadak, l'ordre le plus parfait règne, maintenu par des troupes disciplinées ayant à leur tête des officiers capables et connaissant leurs devoirs.

En Syrie, et dans les provinces soumises à la Porte, le droit des gens est méconnu, les intérêts de l'humanité sont compromis, et les fanatiques font une horrible boucherie des populations chrétiennes, en présence des autorités qui restent impassibles, laissant faire, quand elles ne participent pas à ces crimes qui ont provoqué en Europe un immense et universel cri d'indignation.

Si les massacres de Syrie ont pu réveiller le fanatisme de quelque vieux Tunisien ennemi des réformes, l'autorité du Bey n'a pas été un instant méconnue, et les mesures les plus énergiques avaient été prises pour prévenir ou étouffer le moindre mouvement, la moindre tentative de provocation, la plus petite velléité de prédication.

Du reste, il ne pouvait en être autrement, lorsque le souverain lui-même, Sidi Mohammed el Sadak, donnait l'exemple à ses sujets d'une conduite qui rappelle la générosité chevaleresque d'Abd-el-Kader, en venant magnanimement au secours des familles des victimes de l'horrible massacre de Damas, par le don de 10,000 piastres tunisiennes, provenant de sa cassette particulière.

Mais si la conduite du Bey de Tunis est une leçon dont le gouvernement turc devrait profiter, c'est aussi un exemple que nous offrons à ces fanatiques catholiques qui, en Algérie, prêchent l'extermination des Arabes ou leur conversion; heureusement que la compagnie de Jésus ne saura jamais en Francé imposer ses opinions et que le gouvernement « dont le premier devoir, comme le disait l'Empereur « à Alger, est de s'occuper du bonheur des Arabes, que le « sort des armes a fait passer sous notre domination, saura « les élever à la dignité d'hommes libres, en répandant sur « eux l'instruction, tout en respectant leur religion! »

XVI

De retour à Tunis, Son Altesse le Bey hâta la rédaction définitive et la promulgation du Code administratif et judiciaire dont son prédécesseur avait adopté les bases.

Pendant son séjour à Alger, le Bey de Tunis avait soumis à S. M. l'Empereur Napoléon la constitution nouvelle dont il se proposait de décréter l'application, et l'Empereur avait témoigné au Bey toutes ses sympathies de le voir entrer franchement dans la voie des réformes.

Le code tunisien a été lu et promulgué le samedi vingt-cinquième jour de sfar 1276.

Nous avons reproduit plus haut, § XIII, les dispositions principales du pacte fondamental rédigé par Sidi Moham-med; nous aurions voulu reproduire en entier le code politique et administratif qui en est le développement, les limites qui nous sont assignées pour cette étude ne nous le permettent pas. Nous nous bornerons à la première partie qui contient l'explication promise des principes du pacte fondamental.

CHAPITRE PREMIER.

De la liberté des cultes.

« Il est du devoir de tout législateur qui prescrit le bien et défend le mal de se soumettre lui-même à ce qu'il a ordonné et d'éviter ce qu'il a défendu, afin que ses prescriptions soient observées et qu'il ne soit jamais permis de lui désobéir, et cela conformément à l'axiome de morale admis par la religion et la philosophie : « Désirer aux autres ce qu'on désire à soi-même et ne pas faire aux autres ce qu'on ne veut pas qu'il soit fait à soi-même. »

» Ainsi, nous nous engageons devant Dieu envers tous nos sujets, de quelque religion qu'ils soient, à leur faciliter par tous les moyens en notre pouvoir le sûr et libre exercice de leur culte.

» Quant aux musulmans, aucun d'eux ne pourra être forcé de changer le rite auquel il appartient d'après sa conviction et selon lequel il exerce le culte extérieur.

» La permission de remplir la prescription religieuse du pèlerinage de la Mecque ne pourra être refusée aux musulmans qui auront les moyens de faire ce voyage pieux.

» Les musulmans continueront à être soumis à la loi religieuse pour ce qui regarde les actes du culte et de piété, les legs pieux, les fidéicommis, les donations, les offrandes du culte, le mariage et les actes y relatifs, la puissance paternelle, les successions, les testaments, la tutelle des orphelins, etc.

» Pour ce qui regarde leur sûreté et liberté religieuse, nos sujets non musulmans ne seront jamais ni contraints à changer de religion, ni empêchés de le faire; mais leur changement de croyance ne pourra ni leur faire acquérir une nouvelle nationalité, ni les soustraire à notre juridiction. Aucun d'eux ne pourra être forcé à des réformes dans les principes de sa religion.

» Pour les mariages et les actes y relatifs, la puissance paternelle, la tutelle des orphelins, les testaments, les successions, etc., ils continueront à être soumis aux décisions de leurs juges religieux, qui seront nommés par nous sur la proposition de leurs notables. Leurs réunions religieuses ne seront jamais troublées.

» Ainsi il y aura égalité parfaite devant la loi, sans distinction de religion.

CHAPITRE II.

De la liberté et sûreté individuelle.

» Tout ce qui tend à la destruction de l'homme, qui est la plus belle œuvre de la création, constitue le plus grand des crimes, et Dieu lui-même a fixé des règles et des peines pour assurer la conservation de la personne, des biens et de l'honneur de ses créatures.

» Nous promettons formellement à chacun de nos sujets la jouissance de toute sûreté personnelle, morale et matérielle, à moins qu'il n'ait commis un fait soumis à l'appréciation des tribunaux. Ce fait ne pourra être constaté que par une décision rendue à la majorité des voix, après avoir examiné les preuves et entendu la défense. Il ne sera apporté par nous aucune modification aux décisions ainsi rendues que pour atténuer les peines qu'elles auront prononcées.

» Il sera notifié, dans les quarante-huit heures, à tout individu arrêté par la police, la cause pour laquelle il aura été détenu.

» Une des mesures contraires à la liberté individuelle, c'est la retenue indéfinie du soldat sous les drapeaux et l'enrôlement arbitraire. Aussi, à l'avenir, la conscription aura lieu dans chaque partie de notre royaume par le ti-

rage au sort et de manière qu'elle ne puisse être nuisible
au bien-être des habitants, ainsi que nous l'indiquerons
dans le Code militaire et ainsi que cela est pratiqué par
les autres souverains de l'islamisme et des nations chrétiennes.

CHAPITRE III.

De la garantie des biens.

» La richesse intéresse l'homme presque autant que sa
personne même. Quand il n'est pas rassuré sur la possession de ses biens il perd la confiance et voit se fermer pour
lui les voies de la prospérité, et il en résulte, comme chacun le sait, un manque de bien-être général.

» Afin d'éviter cela, nous promettons formellement à tout
propriétaire de nos sujets, sans distinction de religion, une
sûreté complète pour ses biens meubles ou immeubles, de
quelque nature qu'ils soient et quelle qu'en soit son importance. Cesdits biens ne lui seront jamais ni pris de vive
force, ni dispersés, et il ne sera rien fait qui puisse en diminuer sa valeur. Aucun propriétaire ne sera forcé, même
contre l'offre d'un prix double, à vendre ou à louer ses
propriétés. Cela ne pourra avoir lieu que de son plein gré
et consentement, à moins qu'il ne s'agisse du paiement
d'une dette reconnue et prouvée contre lui et qu'il se serait
refusé à solder, ou d'un cas d'utilité publique.

» Les biens ne paieront que les dîmes et les impositions
établies par le gouvernement sur les ventes, ou qui pourront être établies à l'avenir par notre conseil ; de cette manière, chacun connaîtra d'avance ce qu'il aura à payer sur

ses biens avec la certitude de n'avoir rien à payer en plus.

» Personne n'aura à subir comme peine la perte totale ou partielle de ses biens que dans les cas prévus par le Code pénal et civil.

» Tous nos sujets, quelle que soit leur religion, pourront posséder des biens immeubles, et ils en auront la disposition pleine et entière, à condition pourtant qu'ils ne pourront rien y faire qui puisse occasionner un dommage général ou partiel à leurs voisins ou autres, dans lequel cas ils seront obligés à la destruction de la cause et à la réparation du dommage causé.

» Les biens de celui qui aura commis un crime emportant la peine de mort, d'après les dispositions du chapitre deuxième : *De la liberté et sûreté individuelle*, passeront à ses héritiers.

» Il est reconnu que l'industrie et les travaux manuels constituent une partie de la richesse, puisqu'ils sont un moyen de sa production, et sont, pour celui qui les exerce, ce que le capital est pour le négociant. Ainsi, par application de la garantie des biens, objet de ce chapitre, le gouvernement ne forcera jamais aucun ouvrier, ni aucun artiste à travailler pour lui contre son gré. Dans le cas où les ouvriers et les artistes voudront travailler pour le gouvernement, il leur paiera le même salaire que les particuliers, seulement les ouvriers seront obligés de donner la préférence au gouvernement lorsqu'il s'agira de services pour la défense du pays.

» Nul ne sera forcé à acheter un article quelconque provenant des revenus en nature du gouvernement, et à vendre les produits de son industrie à prix fixe ; mais le gouvernement pourra les lui acheter au prix payé par les particuliers sur lesquels il aura la préférence quand il en sera acquéreur pour le bien général.

» Tout propriétaire ou capitaliste pourra employer ses fonds à telle spéculation qu'il jugera convenable, à l'exception de celles prohibées par le gouvernement ou qui le seront à l'avenir ; mais il ne pourra jamais ni se refuser au paiement des droits établis sur les industries, ni en exercer aucune de laquelle il pourrait résulter un dommage général ou particulier.

CHAPITRE IV.

De la sûreté et de la garantie de l'honneur.

» L'honneur est tellement cher à l'homme qu'en le défendant avec toute la puissance de ses facultés personnelles il peut, dans certains cas, pousser cette défense jusqu'à tuer celui qui y porte atteinte.

» Nous renouvelons à nos sujets, à quelque religion qu'ils appartiennent, l'assurance que leur honneur sera respecté et qu'aucune peine infamante ne sera prononcée contre aucun d'eux pour le seul fait d'une accusation, quelque haute que soit la position de l'accusateur ; car tout le monde est égal devant la loi.

» Par suite de cette même protection, il ne sera prononcé aucun jugement contre qui que ce soit sur une délation faite en son absence, et aucun fonctionnaire ne pourra être destitué qu'à la suite d'une faute évidente constatée par des preuves qu'il n'aura pu détruire. L'affaire, dans ce cas, sera portée, ainsi que les pièces à l'appui, devant le tribunal qui prononcera à la majorité, ainsi qu'il sera dit.

» Pour que la justice soit égale pour tous, il faut qu'elle soit basée sur des lois formelles, observées et respectées, qui puissent être consultées au besoin, car le bien-être dépend de la régularité des choses. »

Dans une séance solennelle à laquelle assistaient les représentants des puissances chrétiennes, S. A. le Bey a juré d'observer la nouvelle constitution et les cinq hauts fonctionnaires de l'État et les Ulémas ont prêté entre ses mains le même serment. Le lendemain Son Altesse, entourée des principales autorités, a procédé à l'installation du Conseil suprême et des Tribunaux. Cette cérémonie a eu lieu avec une grande solennité et a été suivie de réjouissances auxquelles toute la population musulmane, israélite et chrétienne, a pris une part spontanée.

La reproduction textuelle qui précède, de l'explication du pacte fondamental, nous dispense de tout commentaire.

La loi organique de Tunis est empreinte de l'esprit le plus libéral et le plus avancé, elle assure au Bey de Tunis un nom parmi les princes civilisateurs et son application placera son pays au rang des nations civilisées; quand même toutes les clauses ne pourraient être appliquées immédiatement au milieu de populations encore mal préparées à un tel bienfait, c'est un germe que l'avenir fécondera graduellement et dont la génération qui s'élève récoltera tous les fruits.

Il y aurait une comparaison très intéressante à faire entre la Constitution tunisienne et celle de l'Algérie; le résultat ne serait nullement à l'avantage de nos possessions d'Afrique. Du reste, ce n'est pas la première fois que la Tunisie nous précède dans la voie des réformes, et l'esclavage n'existait plus depuis longtemps dans la Régence lorsque la Révolution de février 1848 vint l'abolir définitivement dans les possessions françaises.

XVII

Jusqu'à présent, dans cette étude, nous nous sommes appliqué à faire ressortir les progrès accomplis dans l'ordre politique et administratif de la Régence ; il nous reste, pour compléter notre travail, à donner un aperçu de l'état agricole, commercial et industriel de cette partie du continent africain.

La Régence de Tunis, située entre le 33° 10' et le 37° 12' de latitude nord, et le 5° 30' et 8° 55' de longitude est, est baignée par la Méditerranée sur une étendue de côtes d'environ 600 kilomètres ; bornée au midi par la Régence de Tripoli et au couchant par la province de Constantine et les montagnes du *Djebel Nemenchach*, qui la séparent du désert, elle forme une immense plaine divisée en trois parties à peu près égales par deux chaines de montagnes courant du sud-est au nord-ouest.

L'étendue du royaume est au moins de 150,000 kilomètres carrés, sans compter les régions qui sont au delà du Beled-el-Djerid.

Comme le climat d'Alger, celui de la Tunisie est sain et tempéré ; la chaleur n'y est jamais trop forte, ni le froid excessif ; le thermomètre ne descend presque jamais jusqu'à zéro et ne s'élève à son plus haut degré que dans les cas assez rares où souffle le vent du sud ou *siroco* ; aussi

les saisons se succèdent-elles d'une manière presque insen-
sible, sans variations brusques dans la température; l'on
peut juger de cette égalité habituelle, dit un ancien méde-
cin du Bey de Tunis, le docteur L. Franck, « en remarquant
que le baromètre ne varie, quelque temps qu'il fasse, que
d'un pouce et trois dixièmes, c'est-à-dire depuis 29 pouces
un dixième jusqu'à 30 pouces quatre dixièmes. »

Le sol est en grande partie argileux ou siliceux; on
trouve aussi des parties de calcaires et de marnes, de marnes
argileuses et de sables marneux. La couche végétale, prin-
cipalement sur les côtes, y est fort épaisse. Le sol est d'une
très grande fertilité; les côtes présentent une grande richesse de végétation; des portions considérables, entrete-
nues par des cours d'eau abondants, sont susceptibles de
recevoir les plus riches cultures, telles que les céréales de
toute espèce, l'olivier, le coton, le riz, la canne à sucre et
aussi la cochenille, dont les essais ont parfaitement réussi.

Néanmoins l'industrie agricole a fait peu de progrès
dans la Régence; la population n'est pas en rapport avec
l'étendue du territoire, elle n'est que de 3 millions d'habitants; aussi des plaines immenses restent improductives
faute de bras ou de machines agricoles perfectionnées.
La culture ne s'attache guère aujourd'hui qu'à la production du froment, de l'orge, des fèves et des pois pour la
consommation des habitants.

« Quel heureux pays que celui de la Régence, écrivait,
il y a trente ans, le docteur Frank, si elle était gouvernée
par une législation sage et prévoyante qui, correspondant
à l'importance que ce pays est susceptible d'acquérir, sau-
rait favoriser l'industrie manufacturière, entretenir et amé-
liorer les voies de communication, assainir les marécages,

amener les eaux superflues ou nuisibles sur les terrains secs et arides pour les fertiliser par une irrigation habilement coordonnée, et contribuer à l'accroissement de la population, dont la diminution est partout sensible, en encourageant les travaux, la culture, le commerce; en rouvrant les anciennes relations jadis établies avec l'intérieur du vaste continent dont Tunis pourrait ainsi devenir l'entrepôt principal et la clef commerciale, comme autrefois l'était Alexandrie ! »

Depuis l'époque où les lignes qui précèdent ont été écrites, bien des progrès ont déjà été réalisés; mais il reste encore beaucoup à faire, surtout au point de vue agricole; toutefois les réformes déjà accomplies nous sont un sûr garant des mesures qui seront prises par S. A. le Bey de Tunis pour développer l'agriculture dans ses États : « Du reste « les pays, a dit Montesquieu, ne sont pas cultivés en rai- « son de leur fertilité, mais en raison de leur liberté, » et la constitution octroyée à la Tunisie par Sidi Mohammed-El-Sadak ouvrira à cette contrée, nous en avons la conviction, une ère nouvelle de prospérité.

La principale richesse de la Régence, sa plus importante ressource, consiste dans les oliviers qui fournissent annuellement au commerce, et particulièrement à celui de Marseille, des quantités importantes d'huiles propres à la fabrication du savon.

Les laines sont aussi l'objet d'actives transactions; les plus recherchées par leur belle qualité sont celles de Frachis ou Tarassis, qui, étant assez rares, se vendent toujours fort cher.

Comme en Algérie, l'élève du bétail en Tunisie laisse à désirer. Cependant les moyens de la développer ne manquent pas dans la Régence : de riches prairies naturelles couvrent les vallées et pourraient fournir d'excellent foin pour l'époque des grandes sécheresses ; mais les tribus s'abstiennent de faire des approvisionnements, et le bétail est exposé périodiquement à dépérir faute de nourriture.

Le sud de la Régence, le Beled-el-Djerid, fournit les meilleures dattes du monde.

La Régence est très riche en mines de toute espèce. Dans les montagnes de l'Hamman-Lif et du Djebel-Recas on trouve beaucoup de plomb, au Kef des mines de fer, de cuivre, de soufre, de tripoli. L'argent et les autres métaux se trouvent également. Le sable de la Goulette est aurifère. Les côtes sont riches en corail.

L'industrie la plus importante de la Tunisie est celle des chechias, soit fez ou bonnet oriental, ainsi que celle des autres tissus de laine, tels que burnous, couvertures, tapis. On attribue aux eaux de Tunis une vertu particulière pour la teinture de ces lainages qui sont recherchés pour leur beauté dans tout l'Orient et renommés pour l'éclat et la solidité de leurs couleurs.

Les cuirs forment aussi une branche de commerce étendue.

La Régence possède une fabrique de draps et une de vêtements pour l'armée, des fabriques de savon, un établissement de machines à vapeur, etc.

L'huile, les céréales, les laines, les cuirs, les bœufs, les chevaux, le thon mariné constituent les principaux éléments du commerce d'exportation de la Régence de Tunis.

Les objets importés sont en général des articles manufacturés dont les principaux sont : les tissus de laine ; draps, casimirs, châles, étoffes de mérinos, tapis, etc. —

les tissus de coton; madapolams ou calicots, coutils écrus et blancs, indiennes, mouchoirs imprimés, linge de table, velours de coton, etc. ;— les tissus de soie et la soie grége; — les épiceries et drogueries ;— les armes ;— la mercerie, la quincaillerie, le fer en barres, le sucre, le café, les bois de construction et planches de Venise, le coton filé, etc.

La totalité des marchandises importées n'est pas consommée dans la Régence: la Tunisie est un entrepôt qui reçoit les produits européens destinés au centre de l'Afrique. Ces produits s'acheminent, en grandes quantités, au moyen des caravanes, vers l'intérieur où la vente en est faite par des négociants tunisieus.

Quant au mouvement réel des échanges entre l'Europe et la Régence de Tunis, il est fort difficile de l'apprécier, car les chiffres et les documents manquent complétement. Un document statistique, le seul que nous ayons sous les yeux, donne le mouvement maritime de la Régence avec les pays étrangers pour 1843; on peut l'évaluer à 714 navires jaugeant environ 63,000 tonneaux. La France entre dans ce mouvement pour 162 navires jaugeant 17,714 tonneaux, dont 9,648 à l'entrée et 8,066 à la sortie.

Dans cette année le commerce maritime de la Régence s'est élevé à près de 22 millions 1/2 de francs.

XVIII

Au moment où tous les regards sont fixés sur l'Empire Ottoman qui s'écroule, nous avons cru utile d'appeler l'attention sur la Régence de Tunis, qui grandit, s'élève et bientôt prendra la place qui lui est réservée parmi les nations les plus avancées; la bienveillance que les Européens ont toujours rencontrée en Tunisie, la tolérance religieuse dont, à toutes les époques, les princes tunisiens ont donné des preuves, contrastent heureusement avec les excès déplorables du fanatisme turc, en Syrie et dans les provinces soumises à la domination de la Porte.

Les progrès réalisés dans la Régence sont non-seulement une preuve incontestable et éclatante que l'islamisme n'est point antipathique à la civilisation; mais, pour nous, ils attestent que, tout en respectant, comme nous l'avons fait jusqu'à ce jour, la religion des populations musulmanes de l'Afrique soumises à notre domination, nous pouvons les élever jusqu'à nous, accroître leur bien-être, développer leurs aptitudes et obtenir de l'Algérie toutes les richesses que renferme cette terre de promission.

La constitution donnée à la Tunisie par S. A. le Bey Sidi Mohammed-el-Sadak ouvre à ce pays une ère de prospérité; l'agriculture, l'industrie, le commerce s'y développeront sous l'influence d'un gouvernement libéral, et un jour, non loin des ruines de la capitale de Didon s'élèvera une nouvelle Carthage.

Paris. — Imp. de H. Carion, 61, rue Bonaparte.